Sabine Hertweck
Das Momo-Prinzip

Bildung ist nicht,
dass man wahnsinnig viel kennt,
sondern dass man einige Sachen
wirklich begriffen hat.
(Joachim Kaiser)

.

Dr. phil. Sabine Hertweck
Jahrgang 1967, verheiratet, zwei
Kinder, Dozentin am Staatlichen
Seminar für Didaktik und
Lehrerbildung in Karlsruhe, Autorin
mit den Themenschwerpunkten
Literatur, Musik, Psychologie und
Persönlichkeitsentwicklung

Bibliografische Information der Deutschen Nationalbibliothek
Die Deutsche Nationalbibliothek verzeichnet diese Publikation
in der Deutschen Nationalbibliografie; detaillierte bibliografische
Daten sind im Internet über www. dnb.dnb.de abrufbar
Alle Rechte vorbehalten.

© 2013 by *opus magnum*, Stuttgart (www. opus-magnum.de)
Version 1.02
Umschlaggestaltung, Grafik und Layout:
Simone Zachmann, Dr. Lutz Müller
Herstellung: Book on Demand GmbH. Norderstedt
ISBN 13: 978-3-939322-84-9

Sabine Hertweck

Das Momo-Prinzip

„Geh doch zu Momo!" oder:
Aufbruch in eine bessere Welt

Mit Aquarellen
von Simone Zachmann

opus magnum

Zeit ist Leben.
Und das Leben wohnt im Herzen.
(M. Ende in „Momo", S. 61)

Für Caroline und Valentin

Inhalt

Vorwort

Man kann nicht nur über den Zeitgeist klagen,
man kann auch den Geist der Zeit prägen:
Miteinander statt Gegeneinander,
Versöhnung statt Vorurteile,
Verantwortung statt Desinteresse,
Gemeinschaft statt Egoismus.
(Robert Zollitsch)

Dieses Büchlein ist bei einer Beschäftigung mit „Momo" von Michael Ende[1] zur Unterrichtsvorbereitung im Fach Deutsch entstanden. Ich habe das Manuskript Verwandten und Freunden zum Lesen gegeben, um ihre Gedanken und Meinungen zu diesem Themenkreis zu erfahren. Dabei kam es zu sehr interessanten Gesprächen, die auch meinen Horizont erweitert haben.

So bin ich in Dankbarkeit verbunden meinen Freundinnen Bettina Acker, Anneliese Grenke, Ulrike Landwehr und Monika Lelle sowie meiner ehemaligen Fachleiterin im Fach Deutsch und späteren Leiterin des Staatlichen Seminars für Didaktik und Lehrerbildung (Gymnasien) in Heidelberg Frau Prof. Dr. Margarete Kraft, meiner Schwägerin Heiderose und ganz besonders auch meinem Mann Peter.

---

1 Momo oder Die seltsame Geschichte von den Zeit-Dieben und von dem Kind, das den Menschen die gestohlene Zeit zurückbrachte. Ein Märchen-Roman. Stuttgart: Thienemann 1973; hier wurde die Auflage von 2005 verwendet.

Mein herzlicher Dank gilt auch Herrn Dr. Lutz Müller, mit dem ich während der letzten Wochen in einem freundschaftlichen und kreativen Dialog stand und der das Buch-Projekt durch die Veröffentlichung in seinem Verlag opus magnum ermöglicht hat. Und ich möchte an dieser Stelle ebenfalls meinen tiefen Dank an Frau Simone Zachmann ausdrücken, die diese wundervollen Aquarelle beigesteuert und dem Büchlein durch diese Illustrationen einen wunderschönen Rahmen gegeben hat.

Ich wünsche mir, dass das Büchlein viele Freunde findet, Impulse für Gespräche liefert und den Alltag der Menschen, die es zur Hand nehmen, bereichert, indem es ihnen neue und tiefere Dimensionen ihres Lebens eröffnet und erhellt. Zugleich möge der Leser die Kostbarkeit des Augenblicks im Angesicht unserer Endlichkeit wahrnehmen und sein Leben daraufhin neu sehen lernen.

Sabine Hertweck

Einleitung

> *Denn so, wie ihr Augen habt,*
> *um das Licht zu sehen,*
> *und Ohren, um Klänge zu hören,*
> *so habt ihr ein Herz,*
> *um damit die Zeit wahrzunehmen.*
> *Und alle Zeit, die nicht mit dem Herzen*
> *wahrgenommen wird, ist so verloren*
> *wie die Farben des Regenbogens für einen Blinden*
> *oder das Lied eines Vogels für einen Tauben.*
> *(Meister Hora an Momo, S. 176)*

Unsere moderne Welt ist immer komplexer geworden. Einhergehend mit dieser Komplexität ist es nur noch partiell möglich, die Welt zu verstehen. Um in unserer Welt bestehen zu können, sind Informationen und Wissen natürlich nötig. Aber das allein genügt nicht. Es ist noch etwas anderes, was sehr bedeutsam ist, um sich in dieser Welt zurechtzufinden, nämlich, die Weisheit unseres Herzens und die Liebe zum Leben bewusster in unsere täglichen Aktivitäten und Entscheidungsprozesse zu integrieren.

Dabei gilt es, das Vertrauen in uns, unsere Fähigkeiten und Begabungen und vor allem unsere innere Stimme in den Mittelpunkt unseres Seins zu stellen und nicht nur aus den Anforderungen unserer leistungsorientierten, materiell-geprägten und gehetzten Welt heraus zu funktionieren.

Dazu gehört auch, uns selbst besser kennen zu lernen. Wer bin ich wirklich, ohne dass ich irgendeine Rolle spiele? Was macht mich so einmalig und unterscheidet mich von anderen? Denn, Hand aufs Herz, wir sprechen immer von Individualität, aber wo ist sie denn wirklich? Und an dieser Stelle ist nicht das egoistisch-zentrierte, narzisstisch übertriebene Gehabe mit der eigenen Person gemeint, die nur sich sieht, sondern der Fokus auf einen Such-und Findungsprozess, der uns als Menschen, jeden einzelnen, mit seinen Fähigkeiten, Begabungen, Sehnsüchten und Unvollkommenheiten, die auch Teil von uns sind, als Ganzes in sich aufnimmt. Kann man nicht des Öfteren den Eindruck bekommen, dass unsere Welt immer einförmiger wird, sich viele gar nicht mehr trauen, ihre Individualität hervorzuheben, sondern sich anpassen, um nicht (negativ) aufzufallen, um nicht aus dem allgemein erwarteten Bild zu fallen? Wo gibt es denn heute diese einmaligen prägenden Persönlichkeiten, die unser Leben facettenreicher gestalten? Wir leben in einer Zeit der Krise der Persönlichkeit. Das muss sich wieder ändern.

Jeder von uns sollte sich seiner besonderen Eigenart, seiner Fähigkeiten und Stärken bewusst sein und wissen, dass jeder, wirklich jeder Mensch spezielle Qualitäten hat. Diese herauszufinden und zu überlegen, wie diese zur Geltung kommen und für die Gemeinschaft nutzbar gemacht werden können, ist eine erfüllende Aufgabe.

Um sich so zu erforschen, dazu bedarf es Zeit und Muße, Geduld und Ruhe. Und es braucht einigen

Mut, sich auf diesen Prozess der Neuorientierung einzulassen, den vielfältigen täglichen Verführungen zu widerstehen und nicht im Mainstream der Zeit mit seiner Oberflächlichkeit und Hetze mitzuschwimmen.

Wenn wir uns auf diesen Weg zu einer tieferen Bewusstheit begeben, wird uns auch die Endlichkeit und Kostbarkeit unseres Seins bewusster. Damit verschiebt sich die Wertigkeit unseres Lebens. Das Hier und Jetzt wird uns wichtig. Darauf kommt es an.

Kennen Sie Michael Endes Märchenroman „Momo"? Wenn ja, dann sollten Sie das Buch noch einmal ganz bewusst lesen. Wenn noch nicht, dann müssen Sie Momos Geschichte unbedingt kennenlernen: Die Geschichte von dem zauberhaften Mädchen, das den Menschen ihre von den grauen Herren gestohlene Zeit wiederbringt, ihnen ihr Leben wieder wertvoll macht und mit Sinn erfüllt.

Die Erzählung von Momo, die ja fast eher eine Weisheitsgeschichte für Erwachsene ist und in ihrer aktuellen Brisanz und gesellschaftlichen Relevanz von Kindern noch kaum verstanden werden kann, hat für mich einen besonderen Status. Ich meine, mit ihr sollten sich viele Menschen auseinandersetzen, denn in ihr finden sich essenzielle Weisheiten, die unsere heutige Welt dringend benötigt.

Diese Weisheiten sind nicht neu, im Gegenteil, eigentlich uralt, haben ihren Niederschlag in unzähligen Werken der Religionen, der Weltliteratur, der Dichtkunst, der Philosophie, den Märchen und Mythen und in sprichwörtlichen Redensarten gefunden. Wahrscheinlich haben uns auch unsere Großeltern und Eltern einige von ihnen auf ihre persönliche Weise vermittelt. Wir brauchen das Rad eigentlich nicht neu erfinden. Oft wäre es nur nötig, ein wenig zurückzublicken auf das, was von früheren Generationen bereits erkannt und gelebt wurde.

Dennoch scheint es, als hätten wir heute das Wissen um die – fast möchte ich sagen – ewigen Lebensweisheiten verloren oder als würden wir sie nicht mehr recht ernst nehmen können. Das ist ein großer Verlust. Umso dankbarer können wir sein, dass Michael Ende uns diese tiefgründige Geschichte mit Parabelcharakter geschenkt hat und uns daran erinnert, worauf es wirklich ankommt in unserem Leben.

Michael Endes Roman hat letztlich auch einen religiös-spirituellen Charakter, wobei die entsprechenden Anspielungen nur sehr vorsichtig und behutsam gemacht werden. Bezüge aber zu anderen göttlichen Kindern und Gestalten, von denen Mythen und Religionen erzählen, sind deutlich. Beispiele dafür sind der Zeitlosigkeits- und Ewigkeitscharakter, den Momo ausstrahlt oder dass Beppo Straßenkehrer das Gefühl hat, ihr schon viel früher einmal, in fernen Zeiten, begegnet zu sein. Oder dass Momo in die Nacht hinauslauscht und eine Art kosmischer Musik hört und in solchen Nächten besonders schöne Träume hat, ist ein Indiz. Auch hat sie als Einzige einen Zugang zu Meister Hora, den man als einen Aspekt ihres inneren Selbst ansehen kann. Als sie bei Meister Hora dem ewigen Wandel der Stundenblumen, dem Fließen, Werden und Vergehen der Zeit folgt, fühlt sie sich vom Universum angeschaut und gemeint. Das

zeigt, wie tief Momos Bezug zur Einheitswirklichkeit ist. Zudem: Der Name „Momo" (japanisch: Pfirsich) erinnert nicht nur an das Wort „Moment" (insbesondere wenn französisch ausgesprochen), sondern lässt auch die „Urlaute" „Mama" oder von rückwärts gelesen „Om-Om", die heilige Silbe der indischen Spiritualität anklingen.

Diese religiösen Aspekte des Romans werden besonders in den letzten Kapiteln acht bis zehn zum Ausdruck gebracht.

Die Herrschaft der grauen Herren, die Michael Ende in seinem Roman bereits 1973 beschreibt, ist leider bittere Realität geworden. Eine ständig zunehmende Zeit-ist-Geld-Mentalität, die fortwährende Effizienzerhöhung, Durchrationalisierung aller Lebensbereiche mit dem Ziel der Leistungssteigerung und Gewinnmaximierung und der Materialismus mit seinen Besitz- und Statuswerten bestimmen unser Leben. Nur wer Kapital hat, ist „etwas", ist „jemand". Dabei spielt es immer weniger eine Rolle, wie und wofür das Geld erarbeitet wird, Hauptsache, es ist da. So rennt, und rackert (fast) jeder, um dieses vermeintliche Ideal zu erreichen.

Diese Lebensart hat jedoch weitreichende Konsequenzen. Unser Herz leidet, unsere Seele geht verloren. Die Qualität unserer Beziehungen zu unseren Mitmenschen wird oberflächlicher. Es ist keine Zeit mehr vorhanden für Tiefgründigkeit und Humanität, und wenn, so ist diese meist aufgesetzt und unecht, ohne wirkliche Herzlichkeit, vom Verstand gesteuert und berechnend. Die Zeit ist zum Luxus in unserer Welt geworden und mit ihr auch die Muße, die noch vorhandene Zeit sinnvoll zu leben, sich von seinem Herzen leiten zu lassen.

Aber es gibt Wege, die aus dem Dilemma herausführen, die Licht in den Tunnel bringen und uns aus dem Labyrinth der Zwänge, Manipulationen und Fremdbeherrschung befreien. Folgen wir dem Momo-Prinzip in eine bessere Welt, in der sich jeder wohl und angenommen fühlt, seiner Einzigartigkeit bewusst. Brechen wir auf in Momos Welt, bevor es zu spät ist. Gleich jetzt!

Das Momo-Prinzip ist eine Sammlung von zehn Weisheiten aus Michael Endes „Momo", die als Wegbegleiter in eine bessere Welt dienen können. Es sind ganz einfache Lebenswahrheiten, aber gerade durch und in ihrer Einfachheit und Klarheit bestechen und überzeugen sie. Denn es ist oft das Einfache, was wir benötigen, um unser Leben wieder reicher zu gestalten. Leider ist der Blick dahin häufig verstellt oder Einfachheit wird mit Beschränktheit verwechselt oder mit Dummheit gleichgesetzt. Diese Irrtümer möchte dieses Büchlein aufklären helfen: Es ist sehr oft das Einfache und uns unmittelbar Gegebene, das uns in der fehlenden Orientierung unserer Zeit wieder Richtung gibt.

Der Aufbau dieser Sammlung ist leicht verständlich und erschließt sich dem Leser durch die einheitliche Gestaltung. Auch sind die einzelnen Weisheiten des Momo-Prinzips miteinander verbunden, sie ergänzen und erweitern sich gegenseitig. Sie alle weisen uns darauf hin, wie einzigartig und kostbar unser Leben ist.

14

Zu den einzelnen Lebensweisheiten erfolgt eine kurze Kontextierung, die diese Weisheit in einen Zusammenhang zur Lektüre von „Momo" stellt. Im Anschluss daran wird ein Impuls zur Reflexion gegeben, der mit dem Vorschlag für eine Übung, diese Weisheit in den Alltag zu integrieren, abgerundet wird. Damit dieses Büchlein auch als Arbeitsbuch verwendet werden kann, das den Leser im Prozess des persönlichen Wachsens täglich begleitet, ist zu jeder Lebenswahrheit auch ein wenig Platz für persönliche Notizen gelassen.

1.
Sei ganz einfach du selbst

Und wenn jemand meinte,
sein Leben sei ganz verfehlt und bedeutungslos
und er selbst nur irgendeiner unter Millionen,
einer, auf den es überhaupt nicht ankommt
und der ebenso schnell ersetzt werden
kann wie ein kaputter Topf –
und er ging hin
und erzählte alles das der kleinen Momo,
dann wurde ihm, noch während er redete,
auf geheimnisvolle Weise klar,
dass er sich gründlich irrte,
dass es ihn, genauso wie er war,
unter allen Menschen nur ein einziges Mal
gab und dass er deshalb auf seine besondere Weise
für die Welt wichtig war.
(Momo, S. 16)

Dies ist der Schlüssel, der uns den Zugang zu allen anderen Weisheiten, die uns von Momo vermittelt werden, eröffnet: Sei ganz einfach du selbst. Nimm dich an, wie du bist. Je weiter und tiefer du dich selbst liebevoll annehmen kannst, desto mehr kannst du auch andere Menschen liebevoll annehmen, desto leichter und schöner wird dein Leben.

Erläuterung

Momo ist ein acht- bis zwölfjähriges Mädchen, das seine Eltern nicht kennt, einem Waisenhaus entlaufen ist und jetzt Zuflucht in einem alten kleinen Amphitheater am Rande einer großen Stadt gefunden hat. Sie hat eigentlich keine besonderen Kräfte oder Fähigkeiten, sie kann nicht einmal lesen und schreiben. Was sie aber kann: Sie ist ganz einfach sie selbst und ganz einfach nur da, wo sie ist. Sie hat Zeit, Zeit, um mit ihren Freunden zu spielen oder ihren Geschichten zu lauschen. Sie ist ganz bei sich und bei den Menschen und in der jeweiligen Situation. Sie ist präsent, nicht in der Vergangenheit verhaftet oder ängstlich mit der Zukunft beschäftigt.

Momo kann so präsent und einfach sie selbst sein, weil sie nicht im Konflikt mit sich steht. Sie muss niemandem etwas beweisen, muss nicht besser oder anders sein, muss nicht dauernd über sich und ihre Fehler nachdenken. Sie ist in ganz tiefer Weise mit sich selbst in Übereinstimmung und in Frieden.

Momo scheint – trotz vieler möglicher Kindheitsbelastungen – mit einem tiefen Ur-Vertrauen beschenkt zu sein: ein Ur-Vertrauen darauf, dass das Leben es gut mit ihr meint, dass sie vom Leben gewollt und geliebt wird und dass sie damit ein selbstverständliches Recht hat, da zu sein ohne Angst, Schuld oder Scham.

Und da ist noch etwas ganz Entscheidendes: Sie hat offenbar einen unmittelbaren Zugang zu dem, was in den verschiedenen religiösen Traditionen als wahres

Wesen, die Mitte, der Ursprung, das Herz, Licht, Liebe, göttliches Zentrum oder transpersonales Selbst genannt wird. Dies wird im neunten Kapitel noch etwas ausführlicher beschrieben. Momo lebt wie selbstverständlich aus ihrem innersten Wesen heraus – wie es auch manche Kinder können, wenn sie gesund sind, mit liebevollen Bezugspersonen und in einer friedlichen Umwelt aufwachsen dürfen.

Dieser unmittelbare Zugang zu ihrem Wesen ist ihr selbst gar nicht recht bewusst, einfach, weil er bei ihr so selbstverständlich ist und sie gar nicht auf die Idee käme, dass andere Menschen nicht genauso selbstverständlich daraus leben.

Momos Ur-Vertrauen und ihre innige Verbundenheit mit der Schöpfung geben ihr aber die Kraft, den Kampf gegen die grauen Herren aufzunehmen. Ein solches Ur-Vertrauen gibt Momo auch an andere Menschen weiter. Sie gibt den Menschen in ihrer Umgebung damit den Halt und den Mut, den sie brauchen, um ihr verborgenes Selbst zu entdecken und zu entfalten.

Reflexion

Ähnlich einer Lotosblüte, die sich aus dem Schlamm hervorhebt und sich dann zu einer reinen und wunderschönen Pflanze entwickelt, ziehen die Menschen ein neues Selbst-Bewusstsein aus der Tatsache heraus, dass sie sich angenommen, geborgen und in ihrem Wesen bestätigt fühlen. Dazu bedarf es allerdings einiger Zeit und einer ganz besonderen Einstellung zum anderen, die von Achtung, Respekt und Wertschätzung geprägt ist. Es bedarf einer Einstellung, die unbelastet ist von Vor-Urteilen, offen für das Hier und Jetzt, wie es sich gerade zeigt, einer Einstellung, in der eine menschliche, authentische Begegnung von „Herz zu Herz" möglich wird. Zu einer solchen Art von Offenheit und Direktheit sind Kinder oft fähig. Auch unser eigenes inneres Kind ist dazu in der Lage.

Übungsvorschlag

Zieh dich an einen stillen Ort, an dem du dich geborgen, wohlfühlst, zurück. Geh in dich und betrachte dich so, als wolltest du dich (neu) kennenlernen. Was kennzeichnet dich? Was macht dich als Persönlichkeit aus? Betrachte dich wertfrei, und sei gut mit dir, so wie du bist. Lass alle An-Spannung fallen und stell dir vor, wie du geborgen als Fötus im Mutterleib liegst, beschützt und unangreifbar. Genieße diesen wundervollen Moment. Versuche jeden Menschen, der dir begegnet, in seiner Besonderheit und Einzigartigkeit wahrzunehmen. Überlege dir, worin diese Einzigartigkeit besteht und versuche, den Menschen so anzunehmen, wie er ist, bedingungslos.

Persönliche Notizen

2.
Bewahre dir dein inneres Kind

Aber die Kinder kamen noch aus einem anderen
Grund so gern in das alte Amphitheater.
Seit Momo da war,
konnten sie so gut spielen wie nie zuvor.
Es gab einfach keine langweiligen
Augenblicke mehr.
Das war nicht etwa deshalb so,
weil Momo so gute Vorschläge machte.
Nein, Momo war nur einfach da und spielte mit.
Und eben dadurch – man weiß nicht wie – kamen
den Kindern selbst die besten Ideen.
(Momo, S. 23)

Bewahre dir die Ursprünglichkeit, Offenheit, Spontanität und Lebensfreude deines inneren Kindes. Vergiss deine Fantasien, Sehnsüchte und Träume nicht und lass dir viel Raum für Spiel und Kreativität. Aber verliere dich nicht in deinen Träumen, versuche auch, sie zu leben. Erkenne dabei die äußere Realität an, die ihre eigenen Gesetzmäßigkeiten und Erfordernisse hat.

Erläuterung

Momo symbolisiert unter anderem auch das Kindliche in uns, das wir immer in uns tragen, aber oft nicht mehr leben lassen. Auch Gigi, dem Fremdenführer, ist es gelungen, sein inneres Kind lebendig zu halten. Er hat eine unglaubliche Fantasie und versteht es damit, Menschen zu begeistern, sie aus dem Alltag heraus in andere Welten zu führen.

Reflexion

Es sind gerade auch die kindlichen Eigenschaften, die uns lebendig sein, das Wunder des Daseins erkennen und uns die Welt mit dem nötigen Ur-Vertrauen wahrnehmen lassen.

Wenn wir es uns erlauben, wie ein Kind zu sein, dann dürfen wir über uns und die Welt mit großen Augen staunen, haben keine Scheu vor Neuem und Ungewissem, können mit allem Möglichen experimentieren und dabei dauernd Fehler machen, können uns mit Begeisterung und Faszination in alles Mögliche hineinversenken und dabei die Zeit und Umgebung um uns herum völlig vergessen.

Wenn wir wie ein Kind sind, dürfen wir unser wirkliches Wesen offenbaren. Dazu gehören natürlich auch Angst und Scham, uns zu entblößen, nackt wie ein Kind bei der Geburt da zu stehen. Aber bedarf es nicht gerade dieser Symbolik, um frei zu werden? Bedarf es nicht dessen, um zum Ursprung des Lebens

zurückzukehren, um das Wunder des Lebens mit uns als Bestandteil des Universums wahrzunehmen oder zumindest zu erahnen?

Liebes- oder echte Freundschaftsbeziehungen gelingen nur wirklich, wenn keine Maskerade im Spiel ist, wenn wir unser inneres Kind, unser wahres Selbst mit allen Facetten, auch mit unseren Fehlern, Schwächen und Schattenseiten zulassen und zum Ausdruck bringen können.

„Werdet wie die Kinder, dann werdet ihr den Himmel schauen" heißt eine Prophezeiung aus der Bibel (Mt 18,3). Aber welch ein Spagat ist das zwischen den Anforderungen, die an uns als „vernünftige Erwachsene" gestellt werden und der Offenheit, Emotionalität, Spontanität und Unangepasstheit unseres inneren Kindes! Diese Seiten stets aufs Neue auszubalancieren ist eine wunderbare Herausforderung für jeden neuen Tag.

Übungsvorschlag

Erinnere dich mehrmals am Tag an dein inneres Kind und frage dich, wie es ihm gerade geht. Was fühlt es, was denkt es, welche Wünsche und Bedürfnisse hat es, was würde es jetzt am liebsten tun? Höre ihm gut zu und nimm es ernst. Es verkörpert deine ursprüngliche Lebensenergie. Wenn es vielleicht jetzt auch gerade nicht möglich ist, dem Kind in dir direkt zu folgen und das zu tun, was es möchte, so kannst du ihm wenigstens ein wenig Zeit schenken, es in deiner Fantasie zu tun.

Lass Dir immer wieder einmal Zeit, die vielen Kleinigkeiten und Alltäglichkeiten, die dir begegnen, gut zu beobachten. Schau dir ein Tier oder eine Blume oder etwas anderes an und verweile dabei, ohne irgendetwas damit machen zu müssen. Lass es einfach so sein und wirken, wie es ist. Gib deiner Freude über deine Wahrnehmung Raum. Lass deine Begeisterung oder dein Staunen zu. Genieße diesen freien offenen Zustand.

Persönliche Notizen

3.
Lass dir Zeit und sei im Augenblick deines Lebens verwurzelt

Manche Dinge brauchen ihre Zeit –
und Zeit war ja das Einzige,
woran Momo reich war.
(Momo, S. 16)

Lass dich nicht hetzen, sondern halte immer wieder einmal inne, spüre dich selbst, nimm deine Umwelt und deine Mitmenschen bewusst wahr, so, wie du gerade bist und deine Umwelt und Mitmenschen gerade sind, ohne sie zu beurteilen oder zu bewerten.

Wecke auch dein Bewusstsein für die Lebendigkeit, Fülle und Schönheit, die dich gerade umgibt. Lebe im Hier und Jetzt und sei dem Augenblick deines Lebens tief verwurzelt.

Erläuterung

Momo hat, wie wir gesehen haben, keine übernatürlichen Kräfte oder Fähigkeiten. Was sie aber hat, ist Zeit, freie, offene Lebenszeit. Sie muss nichts planen, organisieren, kalkulieren. Sie lebt mit dem, was sie gerade vorfindet und was ihr von anderen Menschen geschenkt wird. Sie hat keinen drängenden Ehrgeiz, etwas Besonderes zu sein. Doch dieses Selbstverständnis schafft Freiraum für das Wesentliche im Leben: Es richtet den Blick auf die Gegenwart und schafft offene Begegnungen mit Menschen, die sich der kleinen Momo anvertrauen. Momo nimmt sich genügend Zeit zu warten, z. B. bis sich der andere, ihr Gegenüber, öffnet. Dabei drängt Momo nicht. Sie kann Schweigen und Stille ertragen. Und genau dieses Verhalten, so unspektakulär es ist, ist so anziehend.

Momo kann die Menschen zu sich selbst finden lassen. Sie, obwohl ohne materielle Reichtümer, ist ein Magnet für die anderen Menschen, denn Momo schenkt ihnen ihre Zeit. Sie schenkt ihnen etwas von ihrer Lebenszeit und dies bringt die Menschen zu sich selbst zurück. Sie ist ihnen und dem Leben zugewandt im Hier und Jetzt. Mehr braucht es nicht, um den Wert des Lebens zu spüren und das Leben zu genießen und doch ist es so unendlich viel.

Wie wertvoll das ist, erkennen die grauen Herren, die Zeit-Diebe im Roman und deshalb fürchten und bekämpfen sie Momo. Die grauen Männer symbolisieren alle jene unsere Einstellungen, Haltungen und Werte, die uns daran hindern, schon hier und jetzt, in der Gegenwart, zu einem erfüllten Leben zu finden.

Sie stellen auch jene existenziellen Ängste und Unsicherheiten in uns dar, die uns dazu verführen, hauptsächlich nach Besitz, Geld, Macht, Prestige und Erfolg zu streben und dabei das Wunder des gegenwärtigen Lebens nicht dankbar zu erkennen. Sie repräsentieren eine Einstellung, die uns glauben lässt, um die Fülle des Lebens zu erfahren, müsse man das Leben erst analysieren, organisieren, be-

rechnen, managen, durchrationalisieren, maximieren, wo es uns doch in jedem Augenblick bereits vollständig gegeben ist.

Reflexion

Unsere Welt ist an Hetze nicht mehr zu übertreffen. Rastlos hasten wir durch den Alltag, voller Ungeduld, ständig unter Zeitdruck. Aber was bleibt dabei alles auf der Strecke? Wir Menschen werden häufig quantitativ beurteilt, die Qualität des Lebens rückt in den Hintergrund. Dabei heißt doch ein altes Sprichwort: „Wenn du es eilig hast, gehe langsam." Denn dann, so könnte man fortfahren, kommst du sicher und gut an dein Ziel. Das sind alles qualitative Aspekte.

Die grauen Herren haben uns schon mächtig in der Fuchtel und bestimmen unser Leben. Aber viele von uns können oder wollen diese Tatsache nicht sehen, bemerken nicht, dass wir an der Grenze des Vorwärtskommens angelangt sind, dass der Zenit bereits erreicht, ja längst überschritten ist. Wir sind dringend gefordert, uns umzuorientieren.

Den jeweiligen Moment aufnehmen, ihm verwurzelt sein, bedeutet, sich mit ihm zu verbinden, eins zu werden mit der Welt, die uns umgibt. Dadurch erst können wir den Wert und die Kostbarkeit gerade dieses Augenblicks erahnen und uns von seiner Schönheit überwältigen lassen.

Wer im Alltag inne hält, in sich lauscht, auf sein Herz hört und sich seine Zeit nicht von anderen diktieren lässt, lebt in innerer Freiheit und schützt sich vor seelischer Not, weil er sich und seine Seele ernst nimmt und nicht verkümmern lässt. Er nimmt sich Zeit zur Seelenlabung und schafft sich einen Ausgleich von der Arbeit, von anstrengenden Tätigkeiten oder Menschen. So entstehen Gelassenheit, Tiefgründig- und Achtsamkeit im und für das Leben. Nur wer den gegenwärtigen Moment wahrnimmt, ihm Aufmerksamkeit schenkt, empfängt das Leben wirklich, ist wirklich lebendig, mit der Erde und dem Himmel verbunden.

Darum nimm dir Zeit für dich und das, was dich wirklich interessiert. Nimm dir Zeit für deine Familie, Freunde und alle Menschen, die dir lieb sind. Nimm dir Zeit zum Essen, zum Spielen, zum Tanzen und Singen und um die Schönheit in der Natur zu bewundern. Nimm dir Zeit für ein gutes Buch, ein Gespräch und für die Stille. Lebe bewusst, gestalte dein Leben selbst und lass dich von den Umständen und Einflüssen anderer nicht allzu sehr bestimmen.

Übungsvorschlag

Halte immer wieder einmal kurz inne, suche dir einen ruhigen Ort, an dem du dich wohlfühlst, beobachte den Rhythmus deines Atems, lausche in dein Herz, spüre, wie du ruhig wirst und zu dir selbst findest. Nimm deine Gefühle und Empfindungen wahr, ohne sie beurteilen oder irgendetwas mit ihnen zu machen. Genieße deine Lebenszeit, die du jetzt hast, liebevoll,

und dankbar. Sei dir deines kosmischen Ursprungs und deiner Verbundenheit mit der Erde und dem Himmel bewusst.

Persönliche Notizen

4.
Übe dich im Zuhören

Momo hörte allen zu,
den Hunden und Katzen,
den Grillen und Kröten,
ja, sogar dem Regen
und dem Wind in den Bäumen.
Und alles sprach zu ihr auf seine Weise.
(Momo, S. 21)

Höre unvoreingenommen und mit Anteilnahme zu. Sei einem anderen Menschen mit all deinen Sinnen und deinem Herzen aufmerksam zugewandt. Versetze dich in seine Situation. Versuche, die Dinge mit seinen Augen zu sehen und mit seinen Gefühlen zu erleben. Sei dankbar und freue dich darüber, wenn dir ein anderer Mensch Vertrauen schenkt und dir Einblicke in seine Welt gewährt.

Erläuterung

Momo versteht sich aufs Zuhören wie nur ganz wenige Menschen, ja, ihr Zuhören ist einmalig. Was macht diese Einmaligkeit aus? Momo versteht es so zuzuhören, dass dummen Leuten plötzlich sehr gescheite Gedanken kommen, dass ratlosen oder unentschlossenen Menschen auf einmal klar wird, was sie wollen und Schüchterne und Bedrückte mutig, froh und zuversichtlich werden. Menschen, die ihr Leben für verfehlt und sich für bedeutungslos halten, wird bewusst, dass sie einmalig, unersetzbar und auf eine besondere Weise für die Welt wichtig sind. Selbst ein Kanarienvogel, der nicht singen will, fängt wieder an zu trillern und zu jubilieren.

Wie gelingt es Momo, Derartiges hervorzuzaubern? Menschen und Tiere fühlen sich von dem kleinen unscheinbaren Mädchen angenommen und verstanden. Sie müssen sich nicht verstellen und können sich ganz auf sich, ihre Seele und ihre innere Wahrheit einstellen. Dadurch kommen auf einmal Gefühle und Einfälle zum Vorschein, die verschüttet waren und die der Person gar nicht zugetraut wurden. Momo glaubt an sie und schafft damit Vertrauen und eine Atmosphäre der inneren Freiheit, in der sich seelische Schätze auftun. Neben der Zeit, die Momo für die Menschen bereit hält, gibt sie sich ganz ihrem Gegenüber hin, hört ihm aufmerksam zu, ist dem Moment ganz verwurzelt, ohne von anderen Gedanken abgelenkt zu werden.

Und es ist noch etwas, was Momo den Menschen schenkt: Empathie und die ist bei Momo authentisch und nicht gespielt. Das spüren die anderen. Momo ist den Menschen mit ihrem Herzen zugewandt.

Momos Fähigkeit, zuzuhören und zu lauschen, ist weit und tief: Sie hört allem zu, den Tieren und Menschen, der Natur, der Stille, dem sternefunkelndem Himmel. Wenn sie nachts im großen Rund des alten Amphitheaters sitzt, kommt es ihr vor, als säße sie in einer großen Ohrmuschel und als höre sie eine leise

und zugleich mächtige kosmische Musik, die sie seltsam berührt. Später erfährt sie, dass diese Musik auch die Stimme ihres Herzens ist, so, als sei das Innerste ihres Wesens auch das Innerste des Universums.

Reflexion

Keine Zeit zum wirklichen Zuhören und die fehlende Kompetenz des Zuhörens ist die Ursache für viele Probleme unserer Zeit. Es beginnt im Kindesalter, zeigt sich mittlerweile sehr deutlich in den Schulen, wo Schüler und Lehrer oft in großer Not sind, weil ihnen keiner zuhört und erstreckt sich weiter in den Unternehmen bis zur Chefetage. Wir Menschen haben das Zuhören verlernt und müssen es – oft sehr mühsam – wieder erlernen.

Sicherlich kennen einige von uns noch die Situation, in der Großeltern oder Eltern uns, ihren Kindern, vorgelesen haben, erinnern sich Eltern und Großeltern an die leuchtenden Augen der Kinder, in denen ihre Fantasie den Protagonisten der Geschichten in kühnen Bildern Leben einhauchte. Um dieses aufmerksame, mit allen Sinnen zugewandte Zuhören und innere Beteiligtsein geht es.

Sogyal Rinpoche, ein bekannter buddhistischer Lehrer aus Tibet, hat das Zuhören so definiert: „Zuhören ist sehr viel schwieriger, als gemeinhin angenommen wird; wirkliches Zuhören, wie die Meister es verstehen, bedeutet, uns selbst völlig loszulassen, alle Informationen, Konzepte, Vorstellungen und Vorurteile fallenzulassen, mit denen unsere Köpfe so voll-gestopft sind." Momo versteht es offenbar, in dieser Weise zuzuhören. Sie ist eine Meisterin darin, sich völlig zurückzunehmen und sich dabei ganz auf ihr Gegenüber einzustellen.

Übungsvorschlag

Höre jeden Tag immer wieder einmal bewusst und aufmerksam einem Menschen zu. Versuche zu ver-stehen und zu fühlen, was er wirklich sagen möchte, welche Gefühle, Bedürfnisse und Wünsche er zum Ausdruck bringen will und was er gerne tun würde.

Halte dich dabei mit deiner eigenen Meinung zu-rück, fühle dich nicht unter Druck, ihm einen Rat zu geben oder ihm zu zeigen, dass du es besser weißt. Analysiere, bewerte oder interpretiere seine Aussa-gen nicht aus deiner Sicht, frage höchstens vorsichtig nach, um zu sehen, ob du ihn richtig verstanden hast. Nimm wahr, was dabei mit dir und dem, dem du zu-hörst, passiert. Freue dich daran, wenn du spürst, dass sich der andere dir gegenüber öffnet und dir einen Zu-gang zu seinem Inneren schenkt.

Persönliche Notizen

5.
Begegne anderen Menschen offen, freundlich und gütig

„Hat dich denn niemand lieb?",
fragte sie flüsternd.
(Momo, S. 105)

Jeder Mensch ist anders, einmalig. Es gibt ihn so, wie er uns heute hier und jetzt begegnet, nur einmal auf dieser Welt, nur einmal in Jahrmillionen, wahrscheinlich nur einmal in diesem Universum. Jeder Mensch hat besondere Gaben und Stärken, die das Leben aller bereichern, wenn wir es und sie es zulassen. Wir Menschen sind Gemeinschaftswesen, wir sehnen uns nach Anerkennung und Bestätigung durch unsere Mitmenschen. Wir möchten in unserer Eigenart und Besonderheit, in unseren Fähigkeiten, aber auch Schwächen, Sorgen und Nöten gesehen, verstanden und geliebt werden. Das ist eine unserer tiefsten Sehnsüchte.

Erläuterung

Wenn es Probleme zwischen den Menschen in Michael Endes Märchenroman gibt, bekommen sie einen einfachen Ratschlag: „Geh doch zu Momo!"

Momo ist für die Menschen da, sie begegnet ihnen ohne Vorurteil. In dieser Fähigkeit, sich den Menschen offen, unvoreingenommen und freundlich zuzuwenden, liegt eine ihrer heilsamen Wirkungen. Durch ihr einfaches Zugewandtsein werden Missverständnisse aufgeklärt und am Ende ist jeder mit sich und dem anderen versöhnt und im Reinen.

Als Nicola, der Maurer, und Nino, der Pächter eines kleinen Lokals am Stadtrand, unversöhnlich zerstritten zu Momo kommen, setzt sich Momo, um keinen der beiden zu kränken, im gleichen Abstand zu ihnen, schaut beide abwechselnd an und wartet einfach nur ab. Die beiden Männer geraten zunächst in wilde Vorwürfe und Beschimpfungen, können sich dann schließlich wieder vertragen. Sie fangen an zu lachen, treffen sich in der Mitte des Amphitheaters, umarmen sich, nehmen Momo in den Arm und bedanken sich bei ihr. Und Momo ist froh, dass sie wieder gut miteinander sind.

Momo hat auch keine Schwierigkeiten damit, dass die Menschen sehr unterschiedlich und eigenartig sind. Beppo und Gigi beispielsweise sind zwei Freunde Momos, die verschiedener nicht sein könnten. Während Beppo, der alte Straßenkehrer, eher ein introvertierter Mensch ist, der von vielen Menschen aufgrund seiner langsamen bedächtigen Art unterschätzt wird, ist Gigi, der Fremdenführer, das genaue Gegenteil davon, er ist in höchstem Maße extravertiert.

Doch trotz ihrer Unterschiedlichkeit schätzt Momo beide sehr und weiß nicht, wen sie lieber hätte: Sie mag beide in ihrer Verschiedenartigkeit. So sind manche Leute der Ansicht, dass Beppo nicht ganz richtig im Kopf sei, aber Momo versteht Beppo, weil sie sich genügend Zeit für ihn nimmt. So weiß sie,

dass er so viel Zeit zum Antworten benötigt, weil er nie etwas Unwahres sagen möchte und seine Worte daher sehr bewusst wählt. Dafür benötigt Beppo Zeit. Aber deshalb sind auch alle seine Worte sehr wohl überlegt, denn er ist der festen Überzeugung, dass das Unglück der Welt von den Lügen, den absichtlichen und den unabsichtlichen, die aus Eile oder Ungenauigkeit heraus geschehen, passiert. Deshalb lässt sich Beppo Zeit, um diesen Fehler nicht zu begehen.

Gigi hat ganz andere Fähigkeiten. Er kann Menschen aus dem Alltag in eine andere Welt entführen, er kann sie unterhalten und fröhlich machen. Momo bittet Gigi, ihr immer wieder seine Geschichten zu erzählen. So ist Gigi wertvoll auf eine andere, seine ganz eigene Art.

Selbst dem Agenten BLW/553/c von der Zeit-Spar-Kasse kann sie unbefangen begegnen, auch wenn sie die ihn begleitende Schwere und Kälte spürt. Sie bringt ihn völlig aus dem Konzept und beraubt ihn seiner verführerischen Macht, indem sie ihn einfach nur leise fragt: „Hat dich denn niemand lieb?"

Das ist Momos Lebensbasis: Liebe, jemanden lieb haben und geliebt werden. Letztendlich kann nur ein solches liebevolles Akzeptieren von uns selbst und den anderen zu einer Versöhnung mit unserer Existenz führen.

Reflexion

Der gütige, freundliche und förderliche Umgang mit anderen Menschen und Lebewesen bildet den Kern aller Religionen und Weisheitslehren. Wenn wir nur eine der zehn Momo-Weisheiten beachten und üben können, dann sollten wir diese hier wählen. Wir werden dann rasch erleben können, wie sich unser Leben zum Guten wendet.

Aus Studien zur Resilienzforschung, die sich damit beschäftigen, wie Menschen in schwierigen Situationen mit Belastungen umgehen, wissen wir heute, dass Menschen für eine positive Entwicklung im Leben eine Bezugsperson brauchen, die ihnen Halt gibt, sie unterstützt, ihnen zugewandt ist und an sie glaubt.

Wer in wichtigen Entwicklungsstufen, besonders in der Kindheit, einer der prägenden Phasen im Leben, eine solche Person an seiner Seite weiß, der wird auch im späteren Leben Problemen und Schwierigkeiten gegenüber besser standhalten. Dabei muss diese Person nicht unbedingt ein Elternteil sein. Ein Lehrer, die Großeltern oder andere Menschen, die uns ernst nehmen, uns in unserer Ganzheit sehen und schätzen, können ebenso die Rolle einer solchen hilfreichen Person einnehmen.

Auch Filmgeschichten können manchmal eindringlich zeigen, wie hilfreich und wertvoll es ist, die besondere Eigenart eines Menschen zu erkennen und zu unterstützen. Pierre Morhange, ein Junge aus dem französisch-schweizerischen Film „Die Kinder des Monsieur Mathieu" ist so ein Beispiel. Zu Be-

ginn ist er rebellisch, aufsässig und demonstriert, ja man könnte sagen, zeremoniert sein Desinteresse am Unterricht und Schülerdasein im Internat „Fond de l'etang" förmlich, in welchem die Kinder gedemütigt und gedrillt werden.

Mit den unkonventionellen Unterrichtsmethoden des neuen Lehrers, Clement Mathieu, ganz besonders dessen Chorarbeit, wird Pierre in seinem Innersten bewegt. Es zeigt sich sein eigentlich sensibler Charakter und durch diese innere Wandlung ändert sich auch sein äußeres Verhalten. Dieser hochbegabte musikalische Junge wird später zu einem berühmten Dirigenten. Auslöser dieser wundervollen Entwicklung war Monsieur Mathieu, der Lehrer, der das Potential des Jungen erkannt und gefördert hat, ihn „gesehen", wahrgenommen, damit sein Herz angesprochen hat und der Faszination zur Musik, die in dem Jungen bereits schlummerte, so zum Durchbruch verhalf. Von da an, war Pierre derart bewegt und willens sich zu bewegen.

Sean Maguire aus dem Filmklassiker „Good Will Hunting" ist ein weiteres Beispiel. Er findet Zugang zu Will und schafft es, ihm das verlorene Vertrauen ins Leben zurückzugeben und ihn damit lebenstauglich zu machen.

Wie schön ist es, wenn uns jemand ermutigt oder uns bittet, etwas beizutragen, z. B. in einer Diskussion oder Gesprächsrunde, uns einlädt, uns Zugehörigkeit und Gemeinschaft schenkt. Wenn wir aufeinander zugehen, wird ein Neben- oder Übereinander-Agieren, bei dem es nur Sieger und Verlierer gibt, geben kann, unnötig. Deshalb ist es so bedeutend, unsere Mitmenschen zu achten und keinen Menschen aus der Gemeinschaft auszuschließen.

Aufeinander zugehen, auf ein gutes Miteinander achten, ist natürlich nicht immer und für jeden leicht. In Beziehungen gibt es auch Verletzungen und Kränkungen, Konflikt und Streit. Dies brauchen wir alles nicht zu verdrängen. Wir können uns aber trotzdem dafür entscheiden, die ersten Schritte für eine Klärung und für eine Versöhnung zu tun. Das können wir umso besser, je mehr wir uns mit uns selbst versöhnt und uns selbst verziehen haben.

Wenn jeder auch auf den Menschen neben sich achtet, dann wird es immer leichter. Weil der andere uns beachtet, müssen wir nicht in Sorge sein, zu kurz zu kommen. Wir können diese freigewordene Energie wieder für unseren Nächsten einsetzen. So wird der Energiefluss in unseren Beziehungen harmonisiert.

Das zeigt sich auch in glücklichen Partnerschaften. Wenn jeder Partner schaut, dass es nicht nur ihm, sondern auch dem anderen gut geht und er es ihm ermöglicht, sich seinem Wesen gemäß zu entfalten, entsteht eine harmonisch funktionierende Beziehung, die von Dauer ist.

Das ist auch der Schlüssel vom Ich zum Wir, vom Egoismus zu einer funktionierenden Gemeinschaft, in der sich jeder wohlfühlen kann als Teil eines Ganzen, als Teil des Universums.

Übungsvorschlag

Halte immer wieder einmal inne und frage dich, wie du den Menschen, mit denen du zusammen bist, Anerkennung, Bestätigung, Zuneigung oder Liebe zeigen kannst. Überlege dir, in welchen Bereichen diese Menschen ganz besonders sind, worin ihre Fähigkeiten und Begabungen liegen. Mache sie auf ihre Stärken aufmerksam. Freue dich darüber, lobe sie dafür, drücke ihnen gegenüber deine Dankbarkeit aus für das, was sie dir schenken, durch das, wie sie sind.

Persönliche Notizen

6.
Erfülle deine alltäglichen Aufgaben achtsam und gut

Man muss nur an den nächsten Schritt denken,
an den nächsten Atemzug,
an den nächsten Besenstrich.
Und immer wieder nur an den nächsten. [...]
Dann macht es Freude; das ist wichtig,
dann macht man seine Sache gut.
(Momo, S. 38)

Setze den Fokus deiner Tätigkeit bewusst und konzentriere dich stets auf das, was du gerade im Moment tust. Halte die Präsenz des Augenblicks fest und teile dir deine Energie gut ein. Denke dabei nicht ständig an das Ende oder wohin du unbedingt willst. Genieße den Augenblick. Nimm dir Zeit zum Verweilen. Du brauchst deine weiteren und ferneren Ziele nicht aus den Augen zu verlieren, aber konzentriere dich dabei auf überschaubare Abschnitte. Erledige deine Arbeit achtsam, gründlich und mit Freude.

Erläuterung

Beppo, der Straßenkehrer in Michael Endes Märchenroman „Momo" bringt es auf den Punkt. Jeden Tag fegt er die Straße. Das kann auf Dauer sehr anstrengend, langweilig und monoton sein und lädt zu

Gedanken ein, wie z. B.: „Das schaffe ich niemals!"
Beppo weiß, wenn man dann zu eilen beginnt, wird
es nicht besser, im Gegenteil: Man wird atemlos, die
Straße liegt wie ein mächtiger Klotz vor einem. Deshalb rät Beppo, man dürfe nie an die ganze Straße
auf einmal denken, denn das erschlage, mache müde
und sei nicht zielführend. Vielmehr solle man nur an
den nächsten Schritt denken. Dann mache die Arbeit
Freude und man erledige seine Arbeit gut. Und auf
einmal merke man, dass man Schritt für Schritt die
ganze Straße gefegt habe. Man hat gar nicht wahrgenommen wie und man ist auch nicht aus der Puste
gekommen.

Bezeichnenderweise kommt dieses Bekenntnis
zur Achtsamkeit und behutsamen Langsamkeit bei
Michael Ende nicht von einem studierten Mann,
sondern von Beppo, dem Straßenkehrer. Beppo ist
lebenserfahren und in einer ganz tiefen Art weise. Er
ist jedem Moment seines Lebens verwurzelt, hat das
Fließprinzip des Lebens und sich als Teil des Universums verstanden – er weiß, dass er eine notwendige,
wichtige Arbeit verrichtet – und füllt seinen Platz im
Leben daher mit Sorgfalt, Genuss und Freude aus.

Beppos Ratschlag ist einfach, und er lädt ein, im
Hier und Jetzt zu leben, im Vertrauen darauf, dass
man auch auf diese Weise seine Zukunft gestalten
kann, mit Ruhe, Übersicht und Gelassenheit.

Wünsche und Ziele sind wichtig. Sie geben Orientierung, halten uns lebendig und kreativ. Die Erfah-
rung, Aufgaben gut bewältigen zu können, Neues zu
gestalten, schöpferisch zu sein, gibt Sinn und Befrie-

digung. Doch es kann auch hinderlich sein, erschöpft oder krank machen, wenn man nur noch auf das zu Erreichende fixiert ist und dabei die Abschnitte, den Weg zum Ziel, nicht mehr wirklich wahrnimmt. Dann wird man von etwas besessen, gehetzt bis zum Fanatismus, verliert die Freude an der Arbeit und kommt aus dem Gleichgewicht, ist nicht mehr eins mit sich und der Welt, lebt in Disharmonie, spürt das Leben nicht mehr.

Das wird ganz deutlich durch den Einfluss der grauen Herren dargestellt. Durch ihre Verführung, Zeit für die Zukunft zu sparen, gerät alles Leben außer Tritt, aus den Fugen. Beppo fällt aus seinem Arbeitsrhythmus. Er erledigt seine Arbeit nun hastig und ohne Liebe, ganz gegen seine Überzeugung. Gigi ist nicht mehr bei sich und sein eigener Herr. Das Tempo, in dem er seine Geschichten erzählt und in dem sie verschlungen werden, lässt diese schnell vergessen und Freude vermissen. Die Häuser, die Nicola baut, sind von schlechter Qualität und in Ninos Schnellrestaurant kann man zwar schnell und viel essen, wird aber nicht wirklich satt.

Reflexion

Achtsam zu leben ist natürlich nicht immer einfach. Wir sind in unserer Zeit der Leistungseffizienz, der Informations- und Reizüberflutung ständig in Versuchung, uns unter Zeitdruck setzen und ablenken zu lassen. Aber um darin nicht unterzugehen, nicht in

eine Depression oder ein Burnout zu geraten und aus dem natürlichen, gesunden Rhythmus des Lebens herauszufallen, ist diese Konzentration und Sammlung auf das Wesentliche überlebensnotwendig: Nur so können wir gut, sorgfältig und zuverlässig arbeiten, nur so wird das Ziel unseres Tuns nicht zum antreibenden Dämon, der uns die Kostbarkeit und Einzigartigkeit unserer Existenz vergessen lässt.

Übungsvorschlag

Nimm dir vor jeder Tätigkeit etwas Zeit, um dich auf deine Arbeit einzustimmen. Werde dir bewusst, was du jetzt tust und dass es deine kostbare Lebenszeit ist, die du jetzt damit verbringst. Wünsche dir, dass dir deine Arbeit gut gelingen möge und versuche zu spüren, dass du sie gerne tust und diese Arbeit dich stärkt, dir gut tut. Genieße dein Tätigsein.

Persönliche Notizen

7.
Sei dir selbst treu und lass dich nicht zu Zwecken verwenden, die du nicht willst

„Du brauchst dann deine Freunde gar nicht mehr, verstehst du? Du hast ja nun genug Zerstreuung, wenn all diese schönen Sachen dir gehören und du immer noch mehr bekommst, nicht wahr? Und das willst du doch? Du willst doch diese fabelhafte Puppe?"[...]
Sie schüttelte den Kopf. [...]
„Ich glaub", sagte sie leise, „man kann sie nicht lieb haben."
(Momo, S. 102)

Lass dich nicht von anderen Menschen vereinnahmen und von falschen Lebensweisen beeinflussen. Lass dich nicht manipulieren, sei dir treu. Sei achtsam und vorsichtig in deiner Wahrnehmung, um solchen Einflüssen frühzeitig zu entgehen. Triff keine allzu schnellen Entscheidungen, sondern prüfe sorgfältig, ob dir das, was dir angeboten wird, wirklich gut tut.

Erläuterung

Herr Fusi, der Friseur in „Momo" lebt eigentlich ein recht angenehmes Leben. Er ist gut angesehen bei den Menschen, führt seine Arbeit gerne aus, ist zwar nicht reich, aber bestimmt auch nicht arm, beschäftigt

einen Lehrjungen, nimmt sich Zeit für andere Menschen, z. B. seine alte Mutter oder das Frl. Daria im Rollstuhl.

Es kommt, was bei jedem Menschen einmal kommen kann: Das Wetter ist schlecht, es regnet und alles ist grau. Und dieses Grau legt sich auf die Seele des Herrn Fusi. Genau diese Situation nutzen die grauen Herren aus. Argent Nr. XYQ/384/b stellt Fusi ein Zeitkonto auf, in dem er ihm vorrechnet, welche Zeit der Friseurmeister angeblich durch sein Engagement für andere Menschen verloren hat und wie viel Zeit er noch nutzen kann.

Das hat zur Folge, dass Herr Fusi sein Leben umstellt und das mit furchtbaren, fatalen Konsequenzen. Sein Naturell verändert sich. Er ist nicht mehr der sympathische Friseur und Lehrmeister, mit dem die Menschen auch einmal ein Schwätzchen halten konnten, der sich für sie Zeit nahm, sondern wird mürrisch und ist in ständiger Hetze, trotz scheinbar gesparter Zeit. Seine Mutter gibt er in ein Heim und die Besuche beim Fräulein Daria stellt er ein.

Auch andere Freunde von Momo verfallen den Verlockungen der grauen Herren. Nur Momo nicht, sie lässt sich nicht kaufen, manipulieren. Als ihr einer der grauen Herren die angeblich perfekte Puppe aufdrängen will, gelingt es ihm nicht. Die vollkommene Puppe, die sogar sprechen kann, ist überhaupt nicht nach Momos Geschmack. Bei dieser Puppe ist alles vorgefertigt, vorgegeben. Man kann noch viele weitere Sachen für sie kaufen, aber einen kreativen Freiraum zum wirklich Spielen, Fantasieren und Selbst-Tätig-Werden,

den schenkt sie nicht. Und so stellt Momo schließlich enttäuscht fest, dass man diese Puppe nicht liebhaben kann.

Momo erliegt der Verführung zum seelenlosen Massenkonsum nicht, weil sie in sich ruht, weil sie ihren Wert aus sich heraus bestimmt und nicht an Materiellem hängt. Sie hinterfragt die Situation und vertraut auf ihre innere Stimme. Das haben wir in der Regel immer mehr verloren, dieses Hören auf unsere leise innere Stimme, die häufig gar nicht mehr ausgebildet ist oder schlichtweg überhört, nicht mehr wahrgenommen wird.

Um uns auf die innere Stimme zurückzubesinnen, bedarf es der Zeit, der Ruhe und der Sensibilisierung. Es ist ein Lernprozess, bei dem es gilt, verschüttetes Gut wieder zu beleben und unseren Instinkten und Lebenserfahrungen wieder mehr zu vertrauen.

Reflexion

Zeit sparen – das ist das Thema der grauen Herren. Doch dabei wird das Leben vergessen. Wie wichtig wäre es bei Herrn Fusi gewesen, seine kritische Wahrnehmung zu schulen und dieser Wahrnehmung dann zu vertrauen, sie bewusst einzusetzen, um der Manipulation des Agenten aus der Riege der Zeit-Diebe zu entgehen.

Wenn Herr Fusi seiner Wahrnehmung und seinem Instinkt getraut hätte, dann hätten sie ihn zur Vorsicht gemahnt, als er das Farblose und Unlebendige des

grauen Herren sah. Da fährt ein aschgraues Auto vor den Friseursalon, nicht etwa ein farbenfrohes, das die Bedrücktheit der Situation erhellen könnte, sondern eines, das die Dunkelheit, die Trauer vertieft. Die Aktentasche des Agenten ist bleigrau – hier kommt zur Farbe noch das Gewicht hinzu, das die Starre des Moments unterstreicht. Auch der Zigarrenrauch und der Hut unterstützen die dämonische und gespenstische Atmosphäre, die durch eine plötzliche ungewöhnliche Kälte in dem Raum zugespitzt wird. So eine Kälte symbolisiert häufig die Anwesenheit von etwas Totem.

Um in brenzligen Situationen – und die treffen jeden Menschen irgendwann einmal – angemessen zu reagieren, ist es gut, unsere Wahrnehmung zu schulen, genau hinzuschauen, auf unsere Gefühle und Intuitionen zu achten und vorsichtig zu bleiben. Dadurch können wir bei uns, in unserer Mitte, im inneren Gleichgewicht bleiben und uns vor Menschen, die uns für ihre Zwecke ausnutzen wollen, schützen. Dazu bedarf es auch einer tieferen Sicht zu den Menschen, nämlich der Fähigkeit, ins Innere eines Menschen zu schauen, mit dem Herzen zu sehen.

In Antoine de Saint-Exupérys „Der kleine Prinz" kann man die vielzitierten Worte lesen: „Man sieht nur mit dem Herzen gut. Das Wesentliche ist für die Augen unsichtbar." Wenn wir mit unserem Herzen wahrnehmen und unser Herz sprechen lassen, dann werden (richtige) Entscheidungen leichter gefällt, ist die Gefahr der Verirrung im Leben geringer. Dann wird der Blick für das Wesentliche im Leben geschärft. Die Vitalität des Lebens fließt in uns und trägt uns durch Krisenmomente und schwierige Lebenssituationen.

Durch vielfältige Ablenkungen und Verführungen in unserem Leben ist der bewusste Kontakt zu unserem Kern, die Mitte verloren gegangen und die gilt es wieder zu entschalen, zu öffnen. Um auf diesen Weg zu gelangen, müssen wir uns von der Überfülle des Lebens auf den Kern zurücktasten, uns frei machen von falschen und belastenden Abhängigkeiten, von falschen Lebensweisen. Alles Übertriebene ist ungesund für Geist und Körper und wie viel Übertriebenes umgibt uns täglich, und wir lassen uns davon vereinnahmen und leiten. Aufwachen, so heißt die Devise: Aufwachen zum Aufbruch in eine neue Welt, in der Harmonie das Miteinander allen Lebens steuert und zur Entfaltung bringt.

Dann wird auch unsere Kreativität wieder da sein, die zu oft verschüttet, ungenutzt brach liegt.

Die Wahrnehmung für das zu schulen, was wir wirklich brauchen, und zu erkennen, was uns nur ablenkt von unserem Wesen und unseren wahren Bedürfnissen, ist für unsere Welt heute überlebenswichtig. Sich in der Tiefe spüren, Menschen einschätzen lernen, authentische Beziehungen entwickeln, Nachrichten und Werbung kritisch aufnehmen und richtig einordnen im Verhältnis zu dem, was menschenwürdige Werte sind, das alles wird Voraussetzung sein für einen kompetenten Umgang mit den Situationen des Lebens, die uns auf unseren Lebenswegen begegnen. Als Momo Meister Hora fragt, warum er so viel wisse, antwortet dieser, dass er ständig beobachte. Beobach-

ten ist mehr als nur sehen, es ist ein differenziertes Sehen, ein breites, ein aufmerksames, offenes, lernbereites Wahrnehmen. Deshalb ist die Sensibilisierung für ein tieferes Bewusstsein und die Schulung der eigenen Wahrnehmung ein wichtiger Schlüssel für Erkenntnis.

Übungsvorschlag

Suche dir am Abend für einige Minuten vor dem Schlafengehen einen ruhigen Ort und geh deinen Tag noch einmal in Gedanken durch.

Erinnere dich an die Menschen, denen du begegnet bist, an die Situationen, die du erlebt hast. Fühle nach, ob dir etwas Besonderes aufgefallen ist, welche Gedanken du in den Situationen hattest und atme dabei tief in deinen Bauch. Was für ein „Bauch-Gefühl" kommt dir? Was sagt dein Herz, deine innere Stimme? Wo hast du in Übereinstimmung mit dir gehandelt, wo hättest du aufmerksamer, einfühlsamer oder liebevoller sein können? Wo hast du dich zu etwas verleiten lassen, was du eigentlich gar nicht wolltest?

Überlege, was du heute von den Menschen und den Situationen gelernt hast. Was ist dir gut gelungen, womit warst du nicht zufrieden? Was nimmst du an Erkenntnissen für deinen Lebensalltag mit? Bedanke dich für diesen Tag deines Lebens und für deine Erfahrungen.

Persönliche Notizen

8.
Vertraue dem natürlichen Rhythmus des Lebens

Wenn die Menschen wüssten, was der Tod ist,
dann hätten sie keine Angst mehr vor ihm.
Und wenn sie keine Angst mehr vor ihm hätten,
dann könnte niemand ihnen mehr die
Lebenszeit stehlen.
(Momo, S. 177)

Leben ist ein fortwährendes Fließen, Sich-Verändern, Sich-Wandeln. Leben ist seinem ganzen Wesen nach Bewegung, ein Pendeln zwischen Neuem und Altem, zwischen Geburt und Tod. Jeder Augenblick, den wir erleben, ist frisch, einmalig, neu, so noch nie dagewesen und gleich auch schon wieder vorbei. Dieser Bewegung des Lebendigen offen zu folgen, ist nicht einfach, weil wir immer wieder loslassen und uns verabschieden müssen.

Erläuterung

Meister Hora gewährt Momo bei ihrem Besuch im Nirgend-Haus Einblick in das Wunder des Lebens. Durch ihn erfährt Momo das Wesen der Zeit, ihr Entstehen und Vergehen, ihre Ewigkeit und Vergänglichkeit und die fortwährende Wandlung, die den Kreislauf des Lebens begleitet.

Momo erlebt voller Staunen, wie die sogenannten Stundenblumen voller Schönheit, Farbenpracht und Lebenskraft erblühen und dann auch bald wieder zu welken beginnen, bis sie im Dunkel, im Nichts verschwinden. Aber es kommen immer wieder neue Blumen aus dem Nichts hervor, mit scheinbar noch größerer Intensität an Schönheit, Farbe, Glanz und Energie, die neues Licht verbreiten.

Momo saugt die fortwährende Wandlung des Lebens mit allen Sinnen in sich auf. Sie vernimmt den Duft der Blumen, nimmt mit den Augen betrachtend wundervolle Einzelheiten an den Blüten wahr, ja und sie hört sogar das Licht strahlend und klar, eine ganz eigene Musik. Es ist ihre Lebenszeit, die in ihr klingt, die sie mit ihrem Herzen wahrnimmt. Damit erhält Momo Einsicht in die unendliche Kostbarkeit jeden Augenblicks, den stetigen Wechsel des Kommens und Gehens, des Werdens und Sterbens, dem Gesetz, auf dem alles Leben und die Zeit basiert.

Sie lernt die immer auch ein wenig mit Angst verbundene Lektion, loszulassen, denn alle Blüten, die sich so faszinierend vor ihren Augen entfalten, beginnen sogleich danach auch wieder zu verwelken. „Ein Blatt nach dem anderen löste sich und versank in der dunklen Tiefe. Momo empfand es so schmerzlich, als ob etwas Unwiederbringliches für immer von ihr fortginge. [...] Diese Blüte war nun die allerschönste, wie es Momo schien. Dies war die Blüte aller Blüten, ein einziges Wunder! Momo hätte am liebsten laut geweint, als sie sehen musste, dass auch diese Vollkommenheit anfing, hinzuwelken und in den dunklen Tiefen zu versinken. Aber sie erinnerte sich an das Versprechen, das sie Meister Hora gegeben hatte, und schwieg still." (Momo, 162 f.)

Reflexion

Das Wunder jeden Augenblicks vollständig erblühen zu lassen und auch immer wieder loszulassen, ist eine wahre Kunst. Hierzu dichtete Hermann Hesse in seinen „Stufen" die tröstenden Worte: „Wie jede Blüte welkt und jede Jugend dem Alter weicht, blüht jede Lebensstufe, blüht jede Weisheit auch und jede Tugend zu ihrer Zeit und darf nicht ewig dauern. [...] Wohlan denn, Herz, nimm Abschied und gesunde!"

Abschiedlich zu leben ist vermutlich etwas, das ältere Menschen leichter lernen können oder gar müssen als jüngere. Sie können besser loslassen, weil ihre Lebensenergie schwächer wird und sie bereits vieles erfahren haben. So gibt es für sie nicht mehr so viel Neues zu erleben. Auch haben sie gelernt, dass viele ihrer nach außen gerichteten Wünsche, Sehnsüchte und ehrgeizigen Ziele im Endergebnis nicht unbedingt das gebracht haben, was sie einmal mit ihnen hoffnungsvoll verbunden hatten. So müssen ältere Menschen manche Projektionen aufgeben, können damit aber auch das Äußere leichter loslassen. Das abschiedliche Leben hat das Gute, dass gerade die Bewusstwerdung der Endlichkeit die wesentlichen Werte, für die es sich wirklich lohnt zu leben, deutlicher hervorzuheben vermag.

Wenn wir uns bewusst machen, dass jeder Augenblick einmalig ist und dabei vergänglich, wir ihn nicht festhalten können, sondern freigeben müssen für den jeweils nächsten Augenblick (wie bei Momo mit der Stundenblume) und wenn wir uns bewusst machen, dass alles Leben in den Prozess des Werdens und Vergehens gesetzmäßig und unvermeidbar eingebunden ist, dann bleibt uns nichts anderes übrig, als uns diesem großen Lebens-Kreislauf zu ergeben, hinzugeben, anzuvertrauen, mitzufließen. Daraus kann etwas entstehen, was die alten weisen Menschen als „heitere Gelassenheit" zu beschreiben versuchten. Man ist bereit, sich für eine Sache zu engagieren, ohne sie erzwingen zu müssen oder sich daran zu binden. Ignatius von Loyola (Jesuitengründer) hat einmal sinngemäß gesagt: „Handle so, als hänge alles von dir ab, dann aber vertrau auf Gottes Wirken."

Übungsvorschlag

Loslassen lässt sich in vielen alltäglichen Situationen wunderbar üben, z. B. wenn es um unsere Meinungen, ums Rechthaben und Besserwissen geht. Es geht aber auch ganz konkret mit einer kleinen symbolischen Handlung: Nimm irgendeinen Gegenstand, der etwas schwerer ist, aber nicht zerbrechlich (Heft, Taschenbuch) bewusst in die Hand, halte ihn mit Daumen und Zeigefinger eine Weile fest und lass ihn dann los. Spüre die gewonnene Leichtigkeit. Mache dir bewusst, dass die Hand frei geworden ist, um Neues, etwas Anderes zu ergreifen, aufzunehmen. Überlege: Was möchte ich loslassen, um mich frei, heiter, entspannt, gelöst zu fühlen ...?

Persönliche Notizen

9.
Sei dir deiner kosmischen Verbundenheit bewusst

Die ganze Welt bis hinaus zu den fernsten Sternen
war ihr zugewandt wie ein einziges,
unausdenkbar großes Gesicht,
das sie anblickte und zu ihr redete!
(Momo, S. 182)

Alles was wir sind, verdanken wir der Erde und ihren Elementen, der Sonne und dem Universum. Wir alle sind Kinder des unendlichen Weltalls. Erde, Sonne, Mond und die Sterne sind unsere wahren Eltern. Von ihnen kommt das energievolle, pulsierende Leben in uns. Diese einfache Einsicht gibt unserer Existenz Bedeutung, Sinn und wirkliche Größe.

Erläuterung

Michael Endes Buch ist auch – vielleicht sogar vor allem – ein religiöses, spirituelles Buch. Das wird manchmal nicht recht bemerkt, weil man nur an die höchst brisante Zeit-Geld-Thematik denkt, die im Mittelpunkt des Buches zu stehen scheint. Aber an verschiedenen Stellen wird deutlich, dass Momo einen sehr direkten Zugang zu ihrem tieferen oder höheren Selbst hat. Vermutlich ist es eben dieser Zu-

gang, durch den sie ihre ganz besondere Wirkung auf die Menschen ausübt, so dass sie in ihrer Gegenwart zu sich selber finden, selbstbewusst, lebensfroh und kreativ werden. Durch den direkten Selbstbezug Momos spüren auch andere Menschen etwas von ihrer eigenen Tiefe, Besonderheit und Zeitlosigkeit.

Beppo Straßenkehrer z. B. hat, als die Welt für ihn eigentümlich durchsichtig geworden ist, den Eindruck, dass er und Momo schon viel früher einmal zusammen gewesen sind. Er glaubt Momo aus längst vergangenen Zeiten wiedererkannt zu haben. Er meint sich zu erinnern, dass sie beide damals am Bau der Stadtmauer der alten Stadt beteiligt gewesen wären und Steine dort in Form eines „T" hineingemauert hätten. Das Taukreuz ist ein uraltes Symbol, das uns natürlich an die Ursprünge des Christentums denken lässt. Es ist auch ein Ganzheitssymbol, es verbindet die Gegensätze miteinander, z. B. die horizontale Ebene mit der vertikalen, das Materielle und Weltliche mit dem Geistigen und Spirituellen. Im Orient bedeutet es auch die Vollendung.

Momos anderer Freund, Gigi Fremdenführer, wird durch sie zu einem Märchen von einem unsterblichen Liebespaar inspiriert.

Die kosmische Tiefe ihres Wesens, die schon in dem Kinderlied auf der ersten Seite des Romans angedeutet wird, wird Momo aber unmittelbar in der Begegnung mit Meister Hora vor Augen geführt. Als sie in der Stille von ihm zu dem Ort geführt wird, von dem alle Zeit kommt, erfährt sie nicht nur den ewigen Rhythmus, das Werden und Vergehen, das

Sterben und die Wiedergeburt des Lebens, sie hört nicht nur die Worte und den Gesang der Sterne und Sphären, sondern sie erlebt, dass *sie* gemeint ist. „Und auf einmal begriff Momo, dass alle diese Worte an sie gerichtet waren. Die ganze Welt bis hinauf zu den fernsten Sternen war ihr zugewandt wie ein einziges, unausdenkbar großes Gesicht, das sie anblickte und zu ihr redete! Und es überkam sie etwas, das größer war als Angst." (S. 182 f.)

Was kann größer sein als die vielen Ängste und Sorgen, die wir dauernd in uns tragen und die unser Leben schwer machen und einengen? Ein „heiliges" Erschauern vor der Unfasslichkeit und Großartigkeit unserer Existenz und dass auch wir gemeint sein könnten, dass das Universum auf uns und unsere Antwort wartet!

Dies einmal wirklich in seiner ganzen Tiefe zu erfahren, wäre sicher eine Sternstunde für jeden Menschen. „Was ist [...] eine Sternstunde?", fragte Momo. „Nun, es gibt manchmal im Lauf der Welt besondere Augenblicke", erklärte Meister Hora, „wo es sich ergibt, dass alle Dinge und Wesen, bis zu den fernsten Sternen hinauf, in ganz einmaliger Weise zusammenwirken, so dass etwas geschehen kann, was weder vorher noch nachher je möglich wäre. Leider verstehen die Menschen sich im allgemeinen nicht darauf, sie zu nützen, und so gehen die Sternstunden oft unbemerkt vorüber. Aber wenn es jemand gibt, der sie erkennt, dann geschehen große Dinge auf der Welt." (S. 162)

Momos Auftauchen in dem Amphitheater und ihr späteres heilsames Wirken war so eine Sternstunde.

Nach ihrem Sieg über die Macht der Zeit-Diebe kehrt die „aufgetaute" Zeit in die Herzen ihrer rechtmäßigen Eigentümer zurück. Es setzt ein warmer Frühlingssturm aus Blumen und lauter befreiter Zeit ein, der Momo aufhebt, über die Erde trägt und wie ein übermütiger Tanz nach einer herrlichen Musik ist. Und als Momo zu ihren Freunden zurückgekehrt ist, feiern sie zusammen ein vergnügtes Fest bis tief in die Nacht, „bis die alten Sterne am Himmel standen". (S. 297)

Schließlich stellt sich Momo in die Mitte des freien runden Platzes, sie denkt an die Stimmen der Sterne und an die Stunden-Blumen und beginnt zu singen... Sicherlich singt sie vom Wunder des Daseins und unser aller Hoffnung und Sehnsucht, im Einklang mit dem Größeren, mit der Natur, unseren Mitmenschen und uns selbst zu leben.

Reflexion

Ein Blick auf die unermessliche Weite des Universums und auf die Endlichkeit unseres Lebens könnte uns sofort deutlich machen, wie relativ vieles von dem ist, was uns belastet und worauf es eigentlich wirklich ankommt: Dieses Wunder des Lebens, an dem wir teilhaben, mit aller Begeisterung und Dankbarkeit, mit allen unseren Sinnen und Fähigkeiten zu feiern und unseren Beitrag dazu zu leisten, dass der erstaunliche Prozess der Evolution in Freiheit und Liebe gefördert und das Leiden aller Mitlebewesen gemindert wird.

Übungsvorschlag

Führe dir immer wieder einmal, wenn du etwas Zeit hast, deine Situation aus der Perspektive des Universums vor Augen. Stell dir vor, wie du dich hier auf der Erde befindest, wie unendlich lange es gedauert hat, dass sich das Leben und ein solch wunderbares Instrument wie dein Körper auf dieser Erde entwickelt haben, wie besonders es ist, dass gerade du hier auf diese Erde gekommen bist und frage dich, was könnte denn dein positiver Beitrag für die Evolution sein? Wie könntest du ihr am besten dienen? Wie könnte das Universum *dich* meinen und was könntest nur *du* an dem Ort, an dem du dich befindest, tun, damit die Welt ein besserer und schönerer Ort wird?

Persönliche Notizen

73

10.
Dankbarkeit

„DANKE!", stand auf dem Panzer.
(Momo, S. 298)

Dankbarkeit zu spüren und zu zeigen, ist ein wunderbar einfacher Weg zum Glück, zur Freude und zur Liebe. Spüre und zeige deine Dankbarkeit wo du nur kannst – auch und besonders für die vermeintlichen Kleinigkeiten und Selbstverständlichkeiten in deinem Leben, die für viele andere Menschen auf der Welt oft genug gar nicht selbstverständlich und klein sind.

Erläuterung

Dankbarkeit als heilsame, beglückende Einstellung zum Leben wird in der Geschichte von Momo wenig direkt thematisiert. Aber wir können sicher sein: Würde uns Momo begegnen, wir würden nicht nur in ihren Augen und ihrem Wesen einer tiefen Dankbarkeit begegnen, sondern auch wir würden tiefe Dankbarkeit empfinden. Erlöst zu sein von dem Druck, immer wieder anders sein zu sollen, als wir eigentlich sind, wieder in Kontakt zu treten zu unserem freien, neugierigen, begeisterungsfähigen inneren Kind, wieder Zeit zu haben, einfach nur da zu sein und mit allen Sinnen offen zu sein für das Leben, wie es gerade ist, zu erfahren, dass uns jemand aufrichtig und einfühlsam zugewandt ist und uns an unser wahres Selbst als Kind und Teil des Universums erinnert: Würde das nicht eine ganz große und tiefe Dankbarkeit in uns auslösen?

Reflexion

Auch scheinbar kleine und alltägliche Dinge können Großes enthalten. Es kommt nur darauf an, aus welcher Perspektive wir etwas sehen. Da kann Unscheinbares zum Schlüssel werden, kann neue Sichtweisen eröffnen und neues Bewusstsein schaffen für die Dinge in der Welt. Sehr viele bedeutende und wichtige Dinge haben sich in unserem Leben ereignet, weil ihnen „kleine" zu-fällige Ereignisse vorangegangen sind.

Aber Dankbarkeit braucht eben nicht nur dann empfunden und gezeigt zu werden, wenn sich etwas ganz Besonderes oder Großes ereignet hat. Im Gegenteil: Dankbarkeit zeigt ihre beglückende Kraft besonders dann, wenn wir sie immer mehr und häufiger gegenüber den vermeintlich selbstverständlichen Ereignissen empfinden, z. B. wenn uns jemand die Tür aufhält, damit wir hindurchgehen können, wenn uns jemand den Vortritt zu etwas lässt, wenn uns jemand freundlich behandelt, ein Lächeln schenkt, wenn uns jemand auf etwas aufmerksam macht. Uns fallen z. B. unsere Schlüssel auf den Boden, ohne dass wir es merken. Wie glücklich sind wir, wenn uns dann jemand darauf aufmerksam macht! Wir freuen uns, sind erleichtert, denn ohne diese Hilfe säßen wir ganz schön in der Tinte. Und wir können sicher sein: Der freundliche Helfer freut sich auch bei dieser Kleinigkeit über ein Dankeschön! Wie leicht lässt sich ein solcher dankbarer Glückszustand herbeiführen! Tun wir es doch einfach viel öfter!

Der Berliner Architekt und Künstler Le van Bo hat sogenannte Hartz-IV-Möbel kreiert, Designermöbel für wenig Geld. Im Internet kann man z. B. kostenlos eine Bauanleitung für den 24-€-Sessel herunterladen. Van Bo stellt dem Nutzer nur eine Bedingung: Er muss über den Prozess der Fertigstellung oder das Produkt eine Rückmeldung geben, egal, ob als Bild oder in Form einiger Zeilen. In einem Interview wurde der Künstler dazu befragt, warum er das tue und wie dieses Charité-Verhalten zu erklären sei.

Die Antwort war erstaunlich und entwaffnend zugleich. Sinngemäß ließ er verlauten, dass sein Verhalten gar nicht so selbstlos sei, wie es scheine. Vielmehr hole er sich so viele kleine „Dankeschöns" von den Nutzern ab, die ihm gut täten und sehr befriedigend seien. Dankbarkeit hat immer etwas mit Wertschätzung zu tun und das setzt voraus, dass ein Verhalten oder bestimmte Gegenstände als Wert geschätzt, als wert-voll wahrgenommen werden. Jedes Dankeschön ist damit ein Zeichen dieser Wahrnehmung und Wertschätzung zugleich.

Übungsvorschlag

Lass dir immer wieder Zeit nachzufühlen, wofür du jetzt dankbar sein könntest. Es lassen sich leicht ganz viele Gründe dafür finden. Du kannst z. B. allein schon dafür dankbar sein, dass du überhaupt geboren wurdest und existierst, dass du auf dieser Erde, unter diesem Himmel die Luft atmen kannst, dass in dir das Leben pulsiert, dass du deine Sinne hast, diese ganze erstaunliche Welt wahrzunehmen, dass du fühlen, denken und fantasieren kannst, dass du in Liebe und Freiheit leben kannst und Mitmenschen und Mitlebewesen hast, mit denen du so vieles teilen kannst. Dankbarkeit ist das Ergebnis, wenn wir die Einfachheit und Schönheit dessen erfahren, was sich im Momo-Prinzip zeigt.

Achte und nimm deshalb die vermeintlichen Kleinigkeiten und Selbstverständlichkeiten im Alltag wahr, antworte darauf mit einem freundlichen „Dankeschön" und schau dem Anderen dabei in sein Gesicht. Was nimmst du wahr? Wie geht es dir?

Persönliche Notizen

Nachwort

[…] alles Wesentliche, alles Dauernde, das […]
gelingt, geschieht immer nur in den wenigen
und seltenen Augenblicken der Inspiration. […]
ereignet sich eine solche Weltstunde,
so schafft sie Entscheidung
für Jahrzehnte und Jahrhunderte. […]
Was ansonsten gemächlich nacheinander
und nebeneinander abläuft,
komprimiert sich in einen einzigen Augenblick,
der alles bestimmt und alles entscheidet:
ein einziges Ja, ein einziges Nein, ein Zufrüh oder
ein Zuspät macht diese Stunde unwiderruflich für
hundert Geschlechter und bestimmt das Leben eines
Einzelnen, eines Volkes und sogar den Schicksalslauf
der ganzen Menschheit.
(Stefan Zweig[1])

Hiermit möchte ich die Sammlung der Lebensweisheiten nach dem „Momo-Prinzip" schließen, auch in dem Wissen, dass sich zu den einzelnen Aspekten und Teilaspekten noch viele, ja unzählige Dinge ergänzen und erweitern ließen.

Es ist mir ein wichtiges Anliegen und Bedürfnis bei einer Neuorientierung der Welt und unseres Lebens einen Beitrag dafür zu leisten, wie diese Welt aussehen könnte. Ich bin mir ganz sicher, dass es so eine

---

1 Sternstunden der Menschheit. Frankfurt: Insel 2013, S. 9

Welt gibt, geben wird oder zumindest geben kann, wenn wir alle dabei mithelfen, die Welt so zu gestalten, so dass es das Wort „Verlierer" gar nicht mehr gibt. Die Welt, die die grauen Herren initiiert haben, gibt es ja auch und in noch deutlicherer Ausprägung als uns Michael Ende 1973 diese Welt in seinem Roman „Momo" beschreibt.

Allen Zweifeln, vor allen denen, die uns sagen, „das kann ich so nicht durchhalten" oder „hier oder an dieser Stelle bin ich rückfällig geworden, es ist zu kompliziert", möchte ich zurufen: „Bitte einfach anfangen", auch, wenn wir nicht jeden Tag alles nach dem Momo-Prinzip richtig machen. Wir müssen an einem Punkt beginnen und das sofort, bevor es zu spät ist. Und ich bin zuversichtlich, dass sich die Einfachheit und Klarheit dieses Lebensmodells als Grundlage für eine neue Form des Miteinanders eignet und durchsetzen kann. Es ist nur eine Frage der Bereitschaft, der Übung und eine Frage der Zeit und Ausdauer.

Fangen wir an zu üben, gleich jetzt!

opus magnum

Wenn Ihnen dieses Büchlein Freude gemacht hat, werden Ihnen sicher auch die folgenden Werke aus unserem Verlag (www.opus-magnum.de) gefallen:

Lutz Müller: **Trotzdem ist die Welt ein Rosengarten – Zum Glück des Seins erwachen und das Wunder des Lebens feiern.** 244 S., € 16,90; ISBN 78-3939322535

Wir selber sind das Wunder, das wir immer gesucht haben! Die Einsicht, dass wir bereits hier, in diesem Augenblick, so wie wir gerade sind, unmittelbar Anteil haben an einem der unfassbarsten Ereignisse, das sich denken lässt, vermag dem Leben Glanz, ungeahnte Fülle und tiefen Sinn zu vermitteln.

Ein Stern kommt auf die Erde: Die spirituelle Symbolik von Weihnachten. Herausgegeben von Lutz Müller und Anette Müller, 204 S., € 19,90; ISBN 78-3939322078

Renommierte Psychotherapeuten umkreisen in diesem Buch vom christlichen wie vom symbolischen Standpunkt aus das Mysterium der Menschwerdung des Göttlichen und geben dem Weihnachtsfest eine zeitgemäße Deutung. Es geht ihnen dabei um die Bewusstwerdung und Feier des inneren Selbst und des Göttlichen Kindes in jedem Menschen.

Lutz Müller: **Suche nach dem Zauberwort. Selbst-Verwirklichung und schöpferisches Leben.** Dargestellt an Michael Endes „Die unendliche Geschichte". 288 S., € 19,90; ISBN 78-3939322887

Wer im Kontakt mit seinem Selbst lebt, seinen „Wahren Willen" gefunden hat und weiß, wer er wirklich ist und was er wirklich will, dem erschließen sich schöpferische Kräfte und dem erscheint die Welt in einem neuen Licht der Liebe und Freiheit, denn „die Welt hebt an zu singen, triffst du nur das Zauberwort."